9

ABÉCÉDAIRE
Catholique.

DOLE,

Imprimerie et Libraire,

DE PRUDONT, ÉD.

962

Marie, protectrice des enfans

ABÉCÉDAIRE
Catholique.
DOLE,
Imprimerie et Librairie,
DE PRUDONT, ÉDr
Lithog. de Prudont, à Dole
1846

ABÉCÉDAIRE

CATHOLIQUE.

PRINCIPES DE LECTURE.

ALPHABET.

LETTRES CAPITALES.

A B C D E F G
H I J K L M N
O P Q R S T U
V X Y Z Æ Œ
W.

A B C D E F G H
I J K L M N O P
Q R S T U V X Y
Z Æ Œ W.

LETTRES CAPITALES.

A B C D E F G H I J K
L M N O P Q R S T U
V X Y Z Æ Œ W.

LETTRES ITALIQUES.

A a b c d e f g h i
j k l m n o p q r s
t u v x y z æ œ w.

PREMIER EXERCICE.

SONS SIMPLES OU VOYELLES SIMPLES.

a, e, i, o, u.

VOYELLES ACCENTUÉES.

Accent circonflexe (^)
Accent grave (\`)
Accent aigu (´)
Tréma (¨)

â ê î ô û
à è ì ò ù
é ë ï ü

A a *a*	Â â *â*
a-mi.	*â*-ne.
E e *e*	É é *é*
me-su-*re*.	m*é*-ri-t*é*.
È è *è*	Ê ê *ê*
m*è*-re.	m*ê*-ler.
I i *i*	Y y *y*
m*i*-d*i*.	s*y*-co-mo-re.
O o *o*	Ô ô *ô*
p*o*-li.	p*ô*-le.
U u *u*	Û û *û*
b*u*-tin.	b*û*-che.

DEUXIÈME EXERCICE.

—

ARTICULATIONS OU CONSONNES SIMPLES.

b c d f g h j k l m n p q r
s t v x z.

B b	**C c**	**G g**
bom-be.	ca-co-phonie.	fi *gue.*
D d	**F f**	**L l**
liqui-*de.*	gi-ra-*fe.*	u-ti-*le.*
M m	**S s**	**K k**
ma-da-*me.*	dan-*se.*	pé-*kin.*
P p	**Q q**	**J j**
pi-pe.	*que.*	*je*
T t	**V v**	**R r**
ten-te.	*vi-van*-diè-re.	au-*ro-re.*
N n	**X x**	**Z z**
trô-*ne.*	fi-*xe.*	bron-*ze.*

ARTICULATIONS VARIABLES.

C *comme* **S**, *devant* e, i, y :

ce-ci, *ci*-té, *cy*-gne.

Ç *comme* **S**, *devant* a, o, u :

fa-ça-de, fa-çon, re-çu.

G *comme* **j**, *devant* e, i, y :

ju-*ge*, rou-*gi*, É-*gyp*-te.

GE *comme* **j**, *devant* a, o, u, au, oi :

il ran-*gea*, pi-*geon*, ga-*geu*-re, rou-*geaud*, man-*geoi*-re.

T *comme* **S**, *devant* ion, ieux, ient, ial :

na-*tion*, mi-nu-*tieux*, pa-*tient*, mar-*tial*.

S *comme* **Z**, *entre deux voyelles* :

ru-*sé*, dé-*sir*, re-po-*soir*, ro-*se*.

X *comme* **gs**,	**X** *comme* **z**,
e*x*-em-ple.	di-*x*iè-me.
H *muette*,	**H** *aspirée*,
l'*h*om-me.	le *h*a-nne-ton.

TROISIÈME EXERCICE.

SONS COMPOSÉS OU DIPHTHONGUES.

æ, œ, ai, au, ei, eu, ay.

ia	**ié**	**io**	**oi**
d*ia*-ble.	a-mi-t*ié*.	p*io*-che.	r*oi*.
ieu	**ian**	**ien**	**ion**
d*ieu*.	v*ian*-de.	b*ien*.	p*ion*.
oin	**oui**	**ui**	**uin**
f*oin*.	*oui*.	l*ui*.	j*uin*.

SONS COMPOSÉS DANS LA FORME SEULEMENT.

ch	**ph**	**ill**	**gn**	**eu**	**ou**
fran-*che*.	*ph*i-lip-pe.	fi*l-le*.	bor-*gne*.	ne-v*eu*.	hi-b*ou*.
ie	**ue**	**an**	**in**	**on**	**un**
p*ie*.	r*ue*.	ma-m*an*.	la-p*in*.	sa-v*on*.	cha-c*un*.

SONS SIMPLES
PRÉCÉDÉS D'UNE ARTICULATION SIMPLE.

ba	**be**	**bé**	**bè**	**bê**
ba-lan-ce.	*be*-so-gne.	*bé*-nir.	*bè*-gue.	*bê*-te.
bi	**bo**	**bu**	**bâ**	**bû**
bi-jou.	*bo*-bi-ne.	*bu*-sc.	*bâ*-ton.	*bû*-che.
pe	**pé**	**pè**	**pê**	**pi**
pe-sant.	*pé*-ché.	*pè*-re.	*pê*-che.	*pi*-lon.
po	**pu**	**pâ**	**pa**	**py**
po-li.	*pu*-pil-le.	*pâ*-mer.	*pa*-pa.	
ce	**cé**	**cè**	**cê**	**ci**
ce-lui.	*cé*-ler.	*cè*-dre.	*cè*-ne.	*ci*-ment.
cy	**co**	**ca**	**cu**	**câ**
cy-près.	*co*-*co*.	*ca*-non.	*cu*-ba.	*câ*-ble.

ka **ki** **ky** **ko** **qui** **que**

mo-*ka*. *ki*-lo-gramme. *ky*-ri-el-le. *ko*-ran. *qui*. *que*.

jo	**ju**	**ja**	**je**	**jé**
jo-li.	*ju*-pon.	*ja*-mais.	*je*-ter.	*Jé*-sus.
di	**do**	**dy**	**du**	**de**
di-re.	a-*do*-rer.	*dy*-na-stic.	*du*-pe.	din-*de*.
da	**dé**	**dê**	**dè**	**dô**
da-me.	*dé*-mon.	dia-*dème*.	mo-*dè*-le.	*dô*-me.
ta	**ti**	**to**	**ty**	**tu**
ta-pa-ge.	par-*ti*.	*to*-tal.	*ty*-ran.	*tu*-teur.

te	**tâ**	**té**	**tô**	**tê**
con-*te*.	*tâ*-che.	vé-ri-*té*.	*tô*-le.	*tê*-te.
fu	**fâ**	**fe**	**fa**	**fé**
fu-mée.	in-*fâ*-me.	*fe*-nê-tre.	*fa*-tal.	ca-*fé*.
fè	**fê**	**fi**	**fo**	**va**
fè-ve.	*fê*-te.	*fi*-ler.	*fo*-lie.	*va*-ni-té.
vo	**vi**	**vu**	**ve**	**vé**
vo-leur.	*vi*-ce.	pour-*vu*.	*ve*-nir.	*vé*-ri-té.
vê	**le**	**la**	**lé**	**lè**
vê-pres.	*le*-çon.	*la*-me.	*lé*-ger.	é-*lè*-ve.
lo	**li**	**ly**	**lu**	**lâ**
lo-ge.	*li*-re.	*ly*-re.	*lu*-miè-re.	*lâ*-che.
re	**ri**	**ro**	**ry**	**ru**
re-di-*re*.	*ri*-deau.	*ro*-se.	Ber-*ry*.	*ru*-mi-ner.
râ	**ra**	**ré**	**rê**	**rô**
râ-le.	*ra*-re.	ju-*ré*.	*rê*-ve.	*rô*-le.
me	**mé**	**mè**	**mê**	**mi**
me-ner.	*mé*-ri-te.	*mè*-re.	*mê*-me.	*mi*-roir.
mo	**my**	**mu**	**mâ**	**ma**
mo-tif.	*my*-ria-de.	*mu*-tin	*mâ* cher.	*ma*-man.
nè	**ni**	**no**	**nu**	**ne**
nè-fle.	*ni*-che.	*no*-ce.	*nu*-mé-ro.	*ne*-veu.
na	**né**	**su**	**sa**	**se**
na-tu-re.	*né*-ant.	*su*-per-be.	*sa*-pa-jou.	*se*-rin.
sé	**sè**	**si**	**so**	**sy**
sé-rie.	*sè*-vres.	*si*-ci-le.	*so*-le.	*sy*-no-de.

zè	zo	zé	zu	ze
zè-bre.	*zo*-ïde.	*zé*-ro.	*zu*-rich.	ga-*ze*.
zi	za	zy	xa	xé
zi-za-nie.	*za*-ha-ra.	a-*zy*-me.	il-fi-*xa*.	fi-*xé*.
cha	che	châ	ché	chè
cha-pel-le.	*che*-min.	*châ*-ti-ment.	*ché*-ru-bin.	*chè*-vre.
chi	chê	cho	chu	chy
chi-que.	*chê*-ne.	*cho*-se.	*chu*-te.	*chy*-le.
phi	phe	pha	pho	phé
phi-lo-so-	*phe*.	*pha*-ra-on.	*pho*-que.	*phé*-ni-cie.
phè	phy	gna	gné	gno
pro-*phè*-te.	*phy*-si-que.	i-*gna*-re.	ro-*gné*.	i-*gno*-ble.
veu	dou	rue	tie	tan
ne-*veu*.	*dou*-ce.	*rue*.	hos-*tie*.	*tan*-te.
tin	ron.			
ca-*tin*.	*ron*-de.			

QUATRIÈME EXERCICE.

VOYELLES ET CONSONNES SIMPLES SANS EXEMPLE.

ab, il, or, ut, ed, af,
el, op, us, al, ep, ir,
ba, je, vo, du, mi, ra,

le, no, pu, si, fa, ze,
to, vu, xi, ma, bé, ni,
pa, ki, né, do, su, na,
mè, ri, fo, ju, ta, te,
lo, vu, xa, ze, sa, nu,

VOYELLES ET CONSONNES COMPOSÉES SANS EXEMPLE.

bla, ble, bli, blo, blu,
bra, bre, bri, bro, bru,
cla, cle, cli, clo, clu,
cra, cre, cri, cro, cru,
dra, dre, dri, dro, dru,
fla, fle, fli, flo, flu,
fra, fre, fri, fro, fru,
phla, phle, phli, phlo, phlu,
phra, phre, phri, phro, phru,
gla, gle, gli, glo, glu,
gra, gre, gri, gro, gru,
pla, ple, pli, plo, plu,
bau, deu, mou, lai, pay,

veau, moi, voy, pey, san, bon, loin, len, jou, faim, main, tein, join, dou, fau, sail, phra, chair, gnol, teil, phar, cham, gneul, nouil, phré, char, gneau, deuil, phla, chou, gnon.

LETTRES DOUBLES.

fi, ffi, ff, fl, ffl.

CINQUIÈME EXERCICE.

MOTS FACILES A ÉPELER.

Pa-pa, *papa.* Ca-ve, *cave.*
Mi-di, *midi.* A-mi, *ami.*
Ra-ce, *race.* Pa-ri, *pari.*
Mi-mi, *mimi.* Ra-re, *rare.*
Mo-re, *more.* Ma-ri, *mari.*
Ra-ve, *rave.* Lo-ge, *loge.*
Jo-li, *joli.* Ri-ve, *rive.* Pi-le, *pile.*
Po-li, *poli.* Ro-me, *rome.*

Ca-ge, *cage.* Lu-ne, *lune.*
Da-me, *dame.* La-me, *lame.*

MOTS A ÉPELER DE TROIS SYLLABES.

ha	ha-la	ha-la-ge
ca	ca-ba	ca-ba-ne
ga	ga-vo	ga-vo-te
ta	ta-pa	ta-pa-ge
va	va-li	va-li-de
po	po-ta	po-ta-ge
to	to-pa	to-pa-se
so	so-no	so-no-re
ci	ci-go	ci-go-gne
li	li-ma	li-ma-ce
ri	ri-va	ri-va-ge
fa	fa-vo	fa-vo-ri
pi	pi-lo	pi-lo-ri
hu	hu-mi	hu-mi-de
cu	cu-ba	cu-ba-ge
ba	ba-ga	ba-ga-ge
fa	fa-mi	fa-mi-ne
ma	ma-la	ma-la-de
pa	pa-ra	pa-ra-de
ra	ra-pi	ra-pi-ne
sa	sa-la	sa-la-de

MOTS A ÉPELER DE QUATRE SYLLABES.

a	a-mar	a-mar-ra	a-mar-ra-ge
a	a-ma	a-ma-ran	a-ma-ran-the
bi	bi-ga	bi-ga-ru	bi-ga-ru-re
ca	ca-pi	ca-pi-tai	ca-pi-tai-ne
cé	cé-lé	cé-lé-ri	cé-lé-ri-té
pa	pa-la	pa-la-ti	pa-la-ti-ne
u	u-na	u-na-ni	u-na-ni-me
zo	zo-di	zo-di-a	zo-di-a-que
di	di-a	di-a-dê	di-a-dê-me
gas	gas-tro	gas-tro-no	gas-tro-no-me

MOTS A ÉPELER DE CINQ SYLLABES.

em em-ma em-ma-ga em-ma-ga-si
em-ma-ga-si-ner.

ap ap-pren ap-pren-tis ap-pren-tis-sa
ap-pren-tis-sa-ge.

MOTS A ÉPELER DE SIX SYLLABES.

per per-pen per-pen-di per-pen-di-cu
per-pen-di-cu-lai per-pen-di-cu-lai-re.

dé dé-so dé-so-bé dé-so-bé-is dé-so-bé-is-san
dé-so-bé-is-san-ce.

SIXIÈME EXERCICE.

MOTS ACCENTUÉS A ÉPELER.

Pâ-té, *pâté*. Nî-mes, *nîmes*. Ci-té, *cité*.
Cô-té, *côté*. Cè-ne, *cène*. Pè-re, *père*.
Lâ-che, *lâche*. Tê-te, *tête*. Fê-te, *fête*.
Sa-ül, *saül*. Ha-ïr, *haïr*. Za-ël, *zaël*.
Phré-né-sie, *phrénésie*. Fe-nê-tre, *fenêtre*.
Stra-ta-gê-me, *stra-ta-gê-me*.
Hy-po-thè-se, *hy-po-thè-se*.

MOTS DANS LESQUELS LES ARTICULATIONS FINALES NE SE PRONONCENT PAS.

(*b*) Plom*b*. — plon.

(*p*) Dra*p*, lou*p*, cou*p*. — dra, lou, cou.

(*c*) Es-to-ma*c*, blan*c*, jon*c*, cler*c*. — es-to-ma, blan, jon, cler.

(*q*) Cin*q* (devant les mots qui commencent par une consonne), pas. — cin pas.

(*g*) Poin*g*, lon*g*, san*g*, ran*g*, sein*g*. — poin, lon, san, ran, sein.

(*d*) Chau*d*, lar*d*, gon*d*, sour*d*, accor*d*. — chau, lar, gon, sour, accor.

(*t*) Cho-co-la*t*, for*t*, dé-fau*t*, gra-ba*t*, bou*t*. — cho-co-la, for, dé-fau, gra-ba, bou.

(*l*) Ou-ti*l*, fu-si*l*. — ou-ti, fu-si.

(*r*) Mon-sieu*r*. — mos-sieu.

(*s*) Ju*s*, mai*s*, ta-pi*s*. — ju, mai, ta-pi.
(*z*) Ri*z*. — ri.
(*x*) Flu*x*, pai*x*, noi*x*. — flu, pai, noi.
(*ps*) Cor*ps*. — cor.
(*pt*) Ex-em*pt*. — ex-en.
(*cs*) Fran*cs*. — fran.
(*ch*) Al-ma-na*ch*. — al-ma-na.
(*ct*) In-stin*ct*. — in-stin.
(*gs*) Ha-ren*gs*. — ha-ren.
(*gt*) Vin*gt*. — vin.
(*ds*) Fon*ds*. — fon.
(*th*) Go*th*. — go.
(*ls*) Pou*ls* — pou.
(*lx*) Fau*lx*. — fau.
(*nt*) Ils pen-se*nt*. — il pen-se.
(*st*) Jé-sus-Chri*st*. — Jé-su-Cri.

SEPTIÈME EXERCICE.

—

SONS ÉQUIVALENTS AVEC UNE ORTHOGRAPHE DIFFÉRENTE.

(e)	eu	œu	heu	
	pe*u*-ple.	s*œu*r.	*heu*-re.	
(è)	ei	ey	egs	et
	r*ei*-ne.	d*ey*.	l*egs*.	bud-g*et*.
(ê)	est	ai	aie	
	il *est*.	m*ai*.	pl*aie*.	

(é)	ai	et	er	ez
	j'*ai*-m*ai*.	*et*.	soup-*er*.	n*ez*.
(ô)	au	eau	ô	
	*au*tre.	p*eau*.	ap*ô*tre.	
(eu)	œu			
	v*œu*.			
(oi)	oe			
	m*oe*llon.			
(an)	am	em	en	
	ch*am*bre.	m*em*bre.	l*en*teur.	
(in)	im	yn	ym	ein
	im-pur.	s*yn*-dic.	s*ym*-pho-nie.	fr*ein*.
	ain	aim		
	p*ain*.	f*aim*.		
(ou)	om			
	n*om*bre.			
(un)	um	eun		
	parf*um*.	à j*eun*.		
(om)	um	oua-ua		
	musé*um*.	éq*ua*teur.		

HUITIÈME EXERCICE.

—

VALEUR EXCEPTIONNELLE DE QUELQUES LETTRES OU DIPHTHONGUES.

c pour g.	ch pour c.
se-cond. ci-co-gne, etc.	*ch*lo-re. ar-*ch*an-ge. or-*ch*es-tre. *ch*a-os.

ch pour **g**.

dra*ch*-me.

d pour **t**.

il se ren*d* à la ville.

e pour **a**.

femme. pru-dent. i-nno-cent.

il pour **ill**.

so-le*il*. tra-va*il*. cer-feu*il*. fe-nou*il*.

ill pour **y**.

ba*ill*-ez. a-be*ill*-e. fa-m*ill*-e. mou*ill*-ez, etc.

S pour **Z**.

Al-*s*a-ce. bal-*s*a-mi-ne. tran-*s*i-ger, etc.

t pour **S**.

mar-*t*ial.. pa-*t*ien-ce. é-gyp-*t*ien. quo-*t*ient. sa-*t*iété. fa-cé-*t*ie. i-ner-*t*ie, etc.

tz pour **SS**.

Me*tz*.

y pour **ii**.

ci-to*y*-en. cra*y*-on. pa*y*-san. vo*y*-a-geur. tu-to*y*-er, etc.

Z pour **S**.

Ro-dè*z*e. San-chè.

qu pour **ku**.

é-*qu*estre. é-*ku*estre.

X pour **Z**.

di*x*ième. di*z*ième.

SONS QUI NE SE PRONONCENT PAS.

a dans S*a*ône, t*a*on.
e. . . . Ca*e*n, as-s*e*oir, dé-vou*e*-ment.
o. . . . pa*o*n, fa*o*n, La*o*n.
u. . . . q*u*e, q*u*i, q*u*el-con-q*u*e, q*u*e-nouil-le.

NEUVIÈME EXERCICE.

—

LIAISONS DES MOTS.

grande affaire,	gran-da-ffaire.
grand homme,	gran-*t*'homme.

rang élevé,	ran-*k*é-levé.
vous êtes aimable,	vou-*z*ê-te-*z*aimable.
bon ami,	bo-nami.
bons amis,	bon-*z*amis.
in-octavo,	i-n'octavo.
allant au pas,	a-llan-tau-pas.

APOSTROPHE.

l*e* ami,	l'ami.
l*a* union,	l'union.
qu*e* il,	qu'il.
qu*e* elle,	qu'elle.
lorsqu*e* on,	lorsqu'on.
c*e* est,	c'est.
j*e* aime,	j'aime.
s*e* aimer,	s'aimer.
c*e* était,	c'était.
s*e* occuper,	s'occuper.
moins d*e* odeur,	moins d'odeur.
l*a* hirondelle,	l'hirondelle.
d*e* abord,	d'abord.
aujourd*e* hui,	aujourd'hui.

SIGNES.

Trait d'union	(-)	Crochets	[ ]
Guillemet	(»)	Paragraphe	(§)
Astérisque	(*)	Pied de mouche	(¶)
Parenthèses	( )	Croix	(†)

PONCTUATIONS.

Point.	(.)	Apostrophe	(')
Virgule	(,)	Point d'interrogation	(?)
Point et virgule	(;)	Point d'exclamation	(!)
Deux points	(:)		

EXERCICES SUR LA PONCTUATION.

Le point termine une phrase.

Exemple : Le roi est bon.

La virgule est destinée à suspendre la longueur d'une phrase.

Exemples : Tôt ou tard la vertu, les grâces, les talens,

Sont vainqueurs des jaloux, et vengés des méchans.

Le point et virgule s'emploie pour séparer des propositions semblables, lorsqu'elles ont une certaine étendue.

Exemples : Chéri dans son parti; dans l'autre respecté;

Malheureux quelquefois; mais toujours redouté;

Les deux points s'emploient avant une citation.

Exemple : Voici les dernières paroles de César : et vous aussi mon fils!

Le point d'interrogation s'emploie après une phrase interrogative.

Exemples : Qu'est-ce? rien. Mais encore?

Le point d'exclamation s'emploie après les phrases qui marquent l'exclamation.

Exemples : O nuit ! nuit effroyable ! ô funeste sommeil !

—

Le trait d'union sert à lier les parties d'un même mot.

Exemples : Vis-à-vis, peut-être.

Les parenthèses servent à renfermer une note qui forme un sens distinct et séparé de la phrase où elle se trouve insérée.

Exemple : A ce choc (et j'en frémis encore), le vaisseau s'entrouvrit.

Le guillemet sert à distinguer une citation contenue dans le cours du texte.

Exemple : Comme la phrase de cet orateur nous a parue belle. « Oui, s'est-il écrié, » la religion triomphera. »

Le paragraphe se place au commencement de chaque article différent de celui qui précède.

DIXIÈME EXERCICE.

—

CHIFFRES ARABES.

1	2	3	4	5	6	7	8	9	0	10
(un)	(deux)	(trois)	(quatre)	(cinq)	(six)	(sept)	(huit)	(neuf)	(zéro)	(dix)

CHIFFRES ROMAINS.

I	II	III	IV	V	VI	VII	VIII	IX	X
(un)	(deux)	(trois)	(quatre)	(cinq)	(six)	(sept)	(huit)	(neuf)	(dix)

XX	XXX	XL	L	LX	LXX
(vingt)	(trente)	(quarante)	(cinquante)	(soixante)	(soixante-dix)

LXXX	XC	C	CC	CCC
(quatre-vingts)	(quatre-vingt-dix)	(cent)	(deux cents)	(trois cents)

CD	D	DC	DCC	DCCC
(quatre cents)	(cinq cents)	(six cents)	(sept cents)	(huit cents)

CM	M	MM
(neuf cents)	(mille)	deux mille).

La même lettre ne se met pas quatre fois de suite. Alors on écrit :

IV pour *quatre*, au lieu de IIII,
IX pour *neuf*, au lieu de VIIII,
XIV pour *quatorze*, au lieu de XIIII,
XIX pour *dix-neuf*, au lieu de XVIIII.
XL pour *quarante*, au lieu de XXXX,
XC pour *quatre-vingt-dix*, au lieu de LXXXX,
CD pour *quatre cent*, au lieu de CCCC,
CM pour *neuf cent*, au lieu de DCCCC.

EXERCICES SUR LES CHIFFRES ARABES ET ROMAINS.

On compte depuis la création du monde, selon la chronologie sacrée. jusqu'à l'an 1844, 5848

On compte depuis la fondation de		
	Rome,	4020
id.	La naissance de Jésus-Christ,	1844
id.	L'Hégire de Mahomet,	1259
id.	La découverte de l'Amérique,	352
id.	La révolution française.	55

—

Chapitre XIV.	Article CL.
Louis XV.	Quatre-vingt-dix CD.
Chapitre XX.	Quatre cent CD.
Charles IX.	Neuf cent CM.
Louis-Philippe I.	L'an mille M.

ONZIÈME EXERCICE.

—

LECTURE COURANTE SYLLABÉE.

L'Oraison dominicale.

No-tre Pè-re, qui ê-tes aux cieux, que vo-tre nom soit sanc-ti-fi-é, que vo-tre rè-gne ar-ri-ve, que vo-tre vo-lon-té soit fai-te en la ter-re com-me au ciel; don-nez-nous au-jour-d'hui no-tre pain quo-ti-di-en, et par-don-nez-nous nos of-fen-ses com-me nous par-don-nons à ceux qui nous ont of-fen-sés, et ne nous lais-sez pas suc-com-ber à la ten-ta-tion; mais dé-li-vrez-nous du mal.

Ain-si soit-il.

La Salutation angélique.

Je vous sa-lue, Ma-rie, plei-ne de grâ-ce, le Sei-gneur est a-vec vous. Vous ê-tes bé-nie en-tre tou-tes les fem-mes, et Jé-sus, le fruit de vo-tre ven-tre est bé-ni.

Sain-te Ma-rie, mè-re de Dieu, pri-ez pour nous, pau-vres pé-cheurs, main-te-nant et à l'heu-re de no-tre mort. Ain-si soit-il.

Le Symbole des Apôtres.

Je crois en Dieu le Pè-re tout puis-sant, cré-a-teur du ciel et de la ter-re, et en Jé-sus-Christ, son fils u-ni-que, no-tre Sei-gneur; qui a é-té con-çu du Saint-Es-prit, né de la Vier-ge Ma-rie; qui a souf-fert sous Pon-ce Pi-la-te, a é-té cru-ci-fi-é; est mort et a é-té en-se-ve-li; est des-cen-du aux en-fers; le troi-si-è-me jour est res-sus-ci-té des morts: est mon-té aux cieux, et est as-sis à la droi-te de Dieu le Pè-re tout puis-sant, d'où il vien-dra ju-ger les vi-vants et les morts.

Je crois au Saint-Es-prit, la sain-te É-gli-se ca-tho-li-que, la com-mu-nion des Saints, la ré-mis-si-on des pé-chés, la ré-sur-rec-tion de la chair, la vie é-ter-nel-le. Ain-si soit-il.

La Confession des péchés.

Je me con-fes-se à Dieu Tout-Puis-sant, à la bien-heu-reu-se Ma-rie, tou-jours Vier-ge, à saint Mi-chel Ar-chan-ge, à saint Jean-Bap-tis-te, aux A-pô-tres saint Pier-re et saint Paul, à tous les saints, par-ce que j'ai pé-ché, par pen-sé-es, par

pa-ro-les et ac-tions, par ma fau-te, par ma fau-te, par ma très-gran-de faute. C'est pour-quoi je prie la bien-heu-reu-se Ma-rie, tou-jours Vier-ge, saint Mi-chel ar-chan-ge, saint Jean-Bap-tis-te, les A-pô-tres saint Pier-re et saint Paul et tous les saints de pri-er pour moi le Sei-gneur no-tre Dieu.
Ain-si soit-il.

COMMANDEMENS DE DIEU.

—

1. Un seul Dieu tu adoreras,
Et aimeras parfaitement.
2. Dieu en vain tu ne jureras,
Ni autre chose pareillement.
3. Les dimanches tu garderas,
En servant Dieu dévotement.
4. Tes Père et Mère honoreras,
Afin que tu vives longuement.
5. Homicide point ne seras,
De fait ni volontairement.
6. Luxurieux point ne seras,
de corps ni de consentement.
7. Les biens d'autrui tu ne prendras,
Ni retiendras à ton escient.
8. Faux témoignage ne diras,
Ni ne mentiras aucunement.
9. L'œuvre de chair ne désireras,
Qu'en mariage seulement.
10. Biens d'autrui ne convoiteras,
Pour les avoir injustement.

COMMANDEMENS DE L'ÉGLISE.

—

1. Les Fêtes tu sanctifieras,
   Qui te sont de commandement.
2. Les Dimanches la Messe ouïras,
   Et les Fêtes pareillement.
3. Tous tes péchés confesseras,
   A tout le moins une fois l'an.
4. Ton Créateur tu recevras,
   Au moins à Pâques humblement.
5. Quatre-Temps, Vigiles, jeûneras,
   Et le Carême entièrement.
6. Vendredi chair ne mangeras,
   Ni le samedi mêmement.

EXERCICE PRÉLIMINAIRE

POUR

AMÉNER GRADUELLEMENT LES ENFANS

à la Lecture du Manuscrit.

ALPHABET ANGLAIS.

MAJUSCULES.

A B C D E F G H I

K L M N O P Q R S

T U V X Y Z W.

MINUSCULES.

a b c d e f g h i j k l m

n o p q r s t u v x y z æ

œ w ç.

PHRASES DIVERSES EN ANGLAISE.

La crainte du Seigneur est le commencement de la sagesse.

L'insensé a dit dans son coeur : il n'y a point de Dieu.

L'impie sera interrogé sur ses pensées, et ses discours monteront jusqu'à Dieu, qui les entendra pour le punir de son iniquité.

Le fils qui est sage est la joie du père.

Le fils insensé est la tristesse de la mère.

EXERCICES EXPLICATIFS

POUR

LA LECTURE DE L'ALPHABET

CATHOLIQUE.

AME, signifie principe de la vie.

ANGE, signifie créature spirituelle douée de vertus, de qualités divines.

APÔTRE, signifie *envoyé*. Nom des douze disciples de Jésus-Christ, choisis par lui pour prêcher l'évangile.

BIBLE, signifie *livre*. Livre sacré des chrétiens.

CATHOLIQUE, signifie *universel*, se dit de l'église chrétienne.

DÉLUGE, signifie inondation, surabondance d'eau.

DIEU. signifie *le premier, le souverain être*, qui a créé et gouverne tout.

ENFER, signifie lieu de supplice des damnés.

ÉVANGILE, signifie loi, doctrine de Jésus-Christ.

Fête, signifie *jour consacré au culte divin*, au souvenir des saints.

Genèse, signifie *origine*, premier livre de la bible, histoire de la création et des patriarches.

Hébreux, signifie peuple *Juif sous les juges et les premiers rois.*

Hérésie, signifie erreur contre la foi catholique.

Iconoclaste, signifie *sectaire qui brisait les images.*

Israélites, nom du peuple Juif.

Jésus, nom du fils de Dieu.

Kyrie, eleïson. mots grecs signifiant *supplications*, partie de la messe où l'on implore la miséricorde de Dieu.

Limbes, signifie *lieu où étaient les saints de l'ancien. testament avant la venue de Jésus-Christ*, des enfans morts sans baptême.

Martyr, signifie *qui a souffert la mort pour la foi.*

Messie, signifie *envoyé*, le Christ arrivé pour les chrétiens.

Mythologie, signifie *science, explication de la fable.*

Nativité, signifie *naissance du Christ, de la vierge et des saints.*

Oracle, signifie *réponse que les païens croyaient recevoir de leurs dieux.*

PAÏEN, signifie *idolâtre*, celui qui adore une fausse divinité.

PATRIARCHE, signifie saint personnage de l'ancien testament.

PROPHÈTE, signifie *qui prédit l'avenir par inspiration.*

PSAUME, signifie *cantique sacré.*

QUIÉTISME, signifie l'action de celui qui fait consister la perfection chrétienne dans l'inaction de l'âme et néglige les œuvres extérieures.

RELIGION, signifie *culte rendu à la divinité.*

SACERDOCE, signifie ministère des prêtres.

SAINT, signifie *essentiellement pur et parfait.*

THAUMATURGE, signifie *faiseur de miracles.*

ULTRAMONTAIN, signifie *partisan de la souveraineté absolue du pape.*

VERTU, signifie tendance habituelle de l'âme, efforts constamment et efficacement dirigés vers le bien.

ZÈLE, signifie *amour ardent pour les choses saintes.*

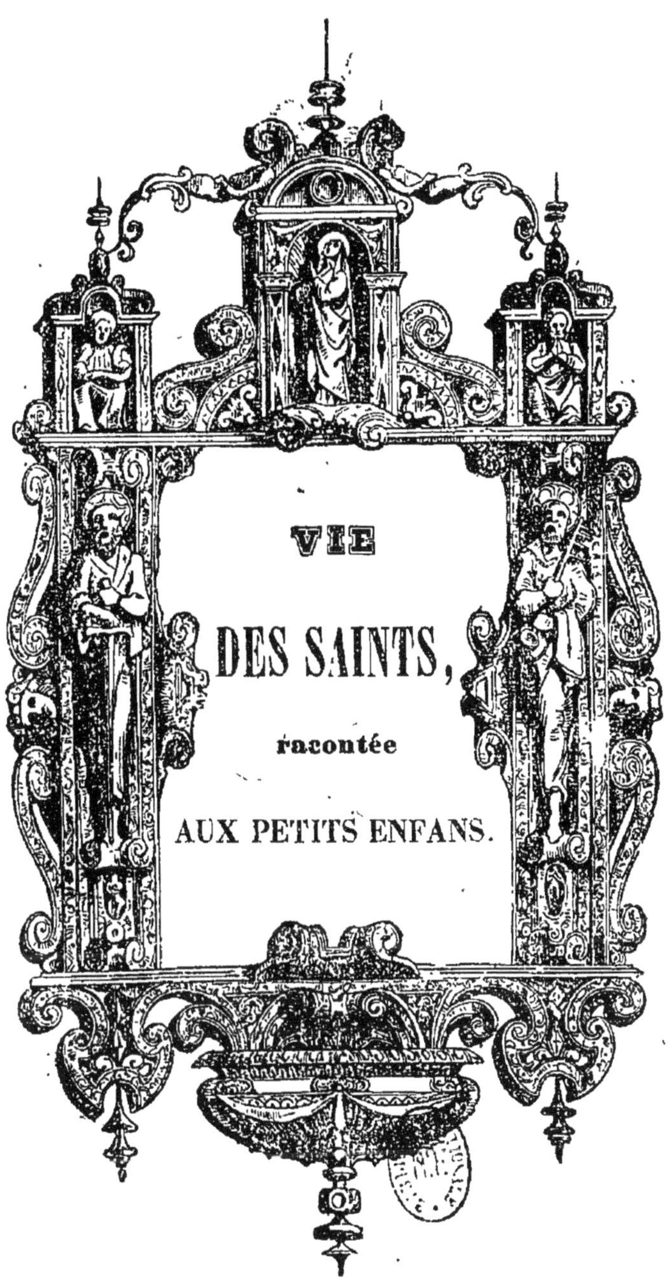

VIE
DES SAINTS,
racontée
AUX PETITS ENFANS.

L'ANGE GARDIEN.

A. L'ANGE GARDIEN.

Le Christ en disant : Laissez venir à moi les petits enfans, leur a donné un ange pour les conduire.

Cet ange, mes amis, nous l'appelons l'ange gardien.—La mère qui veille avec tant de sollicitude sur le berceau de son enfant, elle qui sait toujours un chant délicieux pour endormir la douleur du premier âge, est l'ange gardien de la jeunesse. Notre bonne mère surveille toutes nos actions, c'est elle qui dirige nos premiers pas dans le monde : c'est elle encore qui nous élève chrétiennement; c'est elle, c'est toujours elle.

Mais, lorsque la mort vient nous surprendre, jeunes ou vieux, cette gardienne fidèle est bien obligée de nous abandonner, et son cœur nous confie à cet être céleste qui doit nous mener devant Dieu.

Adressons-nous donc, amis, dans tous les besoins de la vie, d'abord à notre mère, puis à notre ange gardien.

B.

St BERNARD.

B. St BERNARD.

Il faut à tous les hommes dont l'existence a été agitée, un lieu de retraite pour y passer leurs derniers jours; vous comprendrez mieux plus tard, mes chers enfans, l'utilité des maisons religieuses où vont s'enfermer tous les chrétiens qui redoutent avec raison la vie dissipée que mène le monde.

Saint Bernard, abbé de Clairvaux, vécut ainsi, et sa sainteté l'a rendu un des plus grands ornemens de l'Eglise de France. Il dirigea long-temps cette célèbre abbaye, et, chose inappréciable pour le cœur d'un saint, il eut la satisfaction de voir son père et ses frères venir prendre l'habit religieux dans son monastère, et rivaliser ensemble de piété. Appliquez-vous donc, mes chers enfans, à la piété, et vous attirerez sur votre famille les grâces ineffables de Dieu.

———

C.

St CASIMIR.

C. St CASIMIR.

Au nord, à 300 lieues de ce beau pays de France, dont vous êtes les enfans, entre les glaces de la Russie et les bords délicieux du Rhin, se trouve une terre de braves, qu'on appelle Pologne; je vais vous conter la vie du Saint de cette noble contrée; cette vie si pleine de bonnes actions, si digne d'être prise pour modèle, est celle d'un jeune enfant comme vous.

Saint Casimir, prince du sang-royal, était fils de Casimir III, roi de Pologne, et d'Elisabeth d'Autriche. Formé dès le berceau à toutes les vertus chrétiennes, par les soins de la reine sa mère, Casimir était un sage, lors même qu'il n'était qu'un petit enfant. Son zèle se faisait surtout remarquer pour la justice, et, malgré son extrême jeunesse, il arriva souvent au roi, son père, d'écouter en cela ses inspirations. Quand il fut devenu grand, il commanda un régiment qu'il conduisit plusieurs fois à la victoire.

La Bohême avait un roi nommé Mathias,

dont le peuple se plaignait amèrement; on lui reprochait d'être injuste et de persécuter ses sujets. Ce pays en insurrection détrôna Mathias et élut pour successeur Casimir. Celui-ci reconnaissant l'injustice des hommes qui avaient fait cette révolution, se retira. Cette action déplût singulièrement au roi de Pologne; il réprimanda son fils qui, en bon chrétien, lui opposa sa conscience.

On assure même que Casimir, fâché de s'être mêlé de cette affaire, commença dès-lors une rude pénitence pour expier une action qu'il regarda toujours comme une faute. Vous voyez, mes enfans, que j'ai bien eu raison de vous répéter souvent, que dans tous états on peut être Saint.

D.

D. St DOMINIQUE.

Saint Dominique naquit en 1170 à Calaruega, anciennement appelé Calaroga, au diocèse d'Osma, dans la vieille Castille. On l'a fait sortir de la famille des Gusman, célèbre par ses alliances avec plusieurs maisons royales qui subsistent encore aujourd'hui. Divers auteurs ont essayé de prouver que l'illustration de la famille du saint ne pouvait être révoquée en doute, quoiqu'ils sussent bien que la véritable noblesse d'un chrétien consiste dans les dons de la grâce, et que les serviteurs de Dieu ont tiré leur principale gloire du mépris qu'ils ont fait de tous les avantages du monde pour l'amour de Jésus-Christ.

Le 15 janvier 1208, deux hérétiques assassinèrent Pierre de Castelnau. La chrétienté se souleva et une armée fut levée pour exterminer les auteurs de cet attentat, car ce n'était pas l'œuvre d'un seul, mais bien d'un parti. Dominique n'eut aucune part à ces préparatifs de guerre; la douceur et la patience furent les seuls armes qu'il employa contre les injures. On ne l'entendit jamais se plaindre des affronts qu'on lui faisait. Il n'y avait point de dangers qui l'effrayât lorsqu'il s'agissait du salut des âmes, il se fut estimé heureux de verser son sang pour la gloire de Dieu. Il procurait tout le bien dont il était capable, à ceux qui le haïssaient et le persécutaient. Un hérétique, qu'il ne connaissait point, s'offrit un jour à lui servir de guide, mais il le mena par des chemins remplis de pierres et d'épines, en sorte que le saint, qui ne portait point de chaussure, eut les pieds tout déchirés. Il souffrit cet affront avec une patience admirable. Ayant vu son ennemi couvert de confusion, il le consola avec bonté, en disant que ce sang qui coulait était le sujet de son triomphe ; il le toucha si vivement, qu'il abandonna ses erreurs pour rentrer dans le sein de l'église catholique.

Ste ÉLISABETH.

E. Ste ÉLISABETH.

ELISABETH, née en 1207, eut pour père André II, roi de Hongrie, et pour mère Gertrude, fille du duc de Trinthie. Elisabeth, dès son enfance, parut singulièrement prévenue des bénédictions du ciel; l'amour des créatures ne s'insinua point dans son cœur, et quoique au milieu des plaisirs, elle resta insensible à leurs flatteuses amorces. Son recueillement dans la prière tenait du prodige. Les fonds destinés à l'entretien de sa maison étaient presqu'entièrement employés au soulagement des pauvres. Elle montrait, jusque dans ses récréations, qu'elle ne désirait rien tant que de pratiquer l'humanité et le renoncement évangélique. Souvent elle se renfermait dans sa chapelle, où elle priait dans la posture la plus respectueuse, et lorsqu'elle ne la trouvait point ouverte, elle se mettait à genoux à la porte, pour rendre au seigneur l'hommage ordinaire de ses adorations. Elle se livrait à sa ferveur avec plus de liberté dans son oratoire où personne ne la voyait.

Sᵗ FERDINAND.

F. St FERDINAND.

SAINT Ferdinand eut pour mère, Bérangère de Castille, sœur de Blanche, mère de saint Louis. Il vint au monde dans l'année 1198. Devenu roi de Castille, à l'âge de 18 ans, par la renonciation de sa mère, qui lui céda tous ses droits, Ferdinand, quoique assis sur le trône, eut pour elle la plus grande déférence. Il se rendit à son désir en épousant la princesse Béatrix, fille de Philippe, empereur d'Allemagne.

Le roi faisait exécuter les lois avec une extrême rigueur; mais il pardonnait toutes les injures qui ne s'adressaient qu'à lui. Mon seul désir, répétait-il souvent, est de rendre mon peuple heureux.

Il eut le bonheur de prendre part à ces glorieuses croisades qui rendent si intéressante la vie de notre roi saint Louis. Il avait toujours dans son armée une image de la Vierge, afin que les troupes, en la voyant, s'excitassent à la confiance en la mère de Dieu; outre cette image, il en portait une petite sur sa poitrine, et il la mettait à l'arçon de sa selle, quand il allait au combat.

Ferdinand délivra l'Espagne, des Maures qui l'occupaient en grande partie. Il convertit leurs mosquées en église, et força les prisonniers qu'il avait fait, à rapporter sur leurs épaules, les cloches que leurs pères avaient autrefois retirées des temples chrétiens.

St L. DE GONZAGUE.

G. St L. DE GONZAGUE.

L'HISTOIRE de saint Louis de Gonzague, mes enfans, est une de celles dont le récit peut contribuer d'une manière toute spéciale à vous faire aimer et chérir la vertu.

Cet enfant eut pour parrain, Guillaume, duc de Mantoue, son parent, qui le nomma Louis. Dès qu'il fut capable de prononcer les noms sacrés de Jésus et de Marie, sa mère commença à lui donner les premières notions de la vie chrétienne. Quoique dans l'âge le plus tendre, Louis se tenait souvent à l'écart pour prier. A voir son recueillement, dit un de ses historiens, on l'eut pris pour un ange.

Son père en voulut faire un soldat. Il se corrompit à l'armée et sa mère l'ayant ramené à ses premiers principes, il commença à se donner entièrement à Dieu. Une résolution semblable affligea beaucoup son père, qui voulait qu'il prît le parti des armes pour la gloire de sa maison. Mais la fermeté, la persistance de Louis à ne point déserter le service de Dieu, força son père à lui laisser toute liberté.

Mon fils, lui dit-il, vous m'avez fait au cœur une plaie qui saignera long-temps. Je vous aime et vous le méritez. J'avais fondé sur vous toutes les espérances de ma famille; mais enfin puisque vous êtes assuré que Dieu vous appelle à autre chose, je ne vous retiens plus; allez où le Seigneur vous appelle.

Plus rassuré par la permission qu'il venait d'obtenir de son père, Louis de Gonzague songea à s'éloigner de la maison paternelle pour entrer dans un couvent; le 21 novembre 1585, n'ayant point encore dix-huit ans accomplis, il entra chez les Jésuites à Rome. Là il s'adonna à la pratique des plus hautes vertus.

St HERMAS.

H. St HERMAS.

Je vais, mes enfans, vous conter la parabole de saint Hermas, sur l'instabilité des choses humaines et sur le peu d'attachement que l'on doit avoir pour les biens d'ici-bas.

« Savez-vous, serviteurs de Dieu, que vous êtes en voyage et que votre patrie est loin de ce monde?

« Mais, si vous n'ignorez pas quelle est votre demeure, pourquoi achetez-vous ici des champs? Pourquoi préparez-vous des festins? pourquoi bâtissez-vous des palais? pourquoi vous inquiétez-vous de tant de choses superflues et vaines? Qui achète ici-bas, ne pense pas à revenir dans son pays. O insensé! ô homme misérable et sans confiance! Il ne comprend pas qu'en ces lieux, tout lui est étranger et appartient à d'autres! Le roi de la patrie te dit : Sois soumis à mes lois, ou sors de mon royaume. Que feras-tu? la loi qui régit ta patrie, tu la connais : la voudrais-tu nier à cause de tes champs et de tes richesses? La nier à la bonne heure, mais un jour tu voudras revenir dans ta patrie, et alors on refusera de te recevoir, on te chassera. Vas donc; tu es en voyage, n'achète que ce qui est nécessaire à tes besoins, que ce qui te suffit; sois prêt afin d'obéir au souverain lorsqu'il t'appellera pour aller dans ta patrie, jouir du bonheur et de la paix sous ses lois ineffables.

I.

St IGNACE
de Loyola.

I. St IGNACE DE LOYOLA.

Ce saint, qui était page à la cour du roi Ferdinand, fut d'abord un brave guerrier; mais sa vie n'était guère édifiante. Il pensait beaucoup au plaisir, et laissait là le salut de son âme, lorsqu'une blessure qu'il reçut le fit beaucoup réfléchir et provoqua sa conversion.

Ses amis n'ayant point trouvé de romans pour le distraire pendant sa convalescence, mirent sur sa table, la vie de Jésus-Christ et celle des Saints. Ignace les lut d'abord avec indifférence; mais bientôt il ne put se lasser d'admirer le courage des héros chrétiens.

Souvent il formait le projet de les imiter, mais toujours ces bonnes intentions s'évanouissaient.

Enfin, fatigué de tant d'hésitation, il prit un parti définitif.

Il commença par se couvrir d'un cilice. Il se levait toutes les nuits pour pleurer ses péchés. Etant une nuit prosterné devant l'image de la mère de Dieu, il entendit un grand bruit; la maison trembla, toutes les vitres de sa chambre furent brisées. On suppose que c'était l'effet de la rage du démon qui voyait sa proie lui échapper. Une nuit Ignace eut un songe, pendant lequel il vit la Vierge qui portait l'enfant Jésus. Cette vision le remplit de joie et fortifia ses desseins.

Dès-lors son esprit ne fut plus traversé par des pensées contraires, et sa vie fut celle d'un saint. L'ordre des Jésuites, dont saint Ignace est le fondateur, s'occupe principalement de l'éducation des enfans, et nous lui devons des hommes célèbres dans tous les genres.

J.

J. St JOSEPH.

SAINT Joseph descendait en droite ligne des plus grands rois de Juda, et des plus illustres d'entre les anciens patriarches ; mais il tire sa principale gloire de ses vertus, et surtout de son humilité. Aucun historien n'a écrit sa vie, et nous ne savons de lui que ce que le saint Esprit a bien voulu nous en apprendre.

Joseph fut l'instrument dont Dieu se servit pour sauver l'enfant Jésus de la fureur d'Hérode. Ce prince cruel et jaloux ayant résolu le massacre des innocents, un ange apparut à Joseph et lui ordonna de se lever, de prendre Jésus, de fuir en Égypte, et d'y rester jusqu'à ce qu'il fut averti d'en sortir. Une fuite aussi soudaine ne déconcerta point le saint, il obéit sur-le-champ sans même s'informer du temps marqué pour le retour. Il est aisé de juger de ce qu'il eut à souffrir en traversant de vastes déserts et des pays inconnus, avec un enfant et une tendre vierge. Saint Chrysostôme remarque à cette occasion, que Dieu traita saint Joseph comme il a coutume de traiter ses serviteurs; il leur envoie des épreuves pour purifier leurs cœurs des souillures de l'amour-propre, de manière toutefois qu'il mêle à leur amertume la douceur des consolations.

Sᵗ KOSTKA,
(Stanislas de).

K St KOSTKA (STANISLAS DE).

Un enfant pieux est toujours dans une maison, un sujet de joie et de consolation.

Tel a été saint Stanislas, fils de Jean Kostka, sénateur Polonais, et de Marguerite Kriska, sœur du palatin de Mazovie. Stanislas naquit au château de Rostkon, le 28 octobre 1550. Elevé dans les sentimens d'une vraie piété, le premier usage qu'il fit de sa raison, fut de se consacrer à Dieu avec une ferveur au-dessus de son âge. Au collége de Vienne, le saint s'était fait le modèle de ses camarades: il donnait tout son temps à la prière et à l'étude. Le saint éprouva plusieurs contrariétés d'un de ses frères qui était au même collége que lui. Stanislas les supporta avec la plus grande résignation; sa principale occupation était de remplir ses devoirs avec exactitude.

Le 12 août, il tomba malade, on le porta à l'infirmerie, il fit le signe de la croix sur son lit, et dit qu'il n'en relèverait pas. Une fièvre brûlante dévorait tous ses membres. Le

14 août, il dit le matin qu'il mourrait la nuit suivante. Dans la journée il perdit connaissance et fut couvert d'une sueur froide. Alors il pria ceux qui l'entouraient de lui pardonner les fautes qu'il avait commises envers eux.

Enfin, voyant la sainte Vierge et les anges, il expira tranquillement un peu après trois heures du matin, le 15 août 1568, à l'âge de dix-huit ans. Voilà, mes chers enfans, la vie courte, mais simple qui sera toujours le meilleur exemple qu'on puisse proposer aux jeunes gens religieux.

L.

St LOUIS,
Roi de France.

L. St LOUIS.

Ce saint, vous ne l'ignorez pas, mes chers enfans, a régné sur la France, notre patrie. C'est en quelque sorte un roi du ciel qui préside à ses destinées. Nous l'avons bien éprouvé dans les secours mille fois répétés que la sainteté de Louis lui a mérités. Vous lirez dans notre histoire, sa vie, qui en est la plus belle page. Je vous l'aurais bien racontée ici, mais pourquoi ne pas vous laisser feuilleter les annales de la patrie. Lisez et admirez les sages dispositions du roi Louis IX. Remarquez son zèle pour la religion, les punitions terribles qu'il réservait aux blasphémateurs, à ceux qui profanaient le saint nom de Dieu, comme les récompenses qu'il savait procurer aux serviteurs fidèles.

Voyez-le sous le chêne de Vincennes, rendre en plein air la justice à ses sujets, avec la sagacité d'un sage. — Suivez-le en Palestine, lorsqu'il porte l'étendard chrétien contre les infidèles; enfin admirez sa sainte mort sur les rivages brûlés de l'Afrique.

Votre siècle reconnaissant envers quiconque a dépensé son génie pour la gloire de la France, vient d'élever près de Tunis, un monument pour perpétuer la gloire du roi Louis IX, du roi que nous honorons comme un saint.

Lisez donc son histoire, mes amis, mais après l'avoir lue, souvenez-vous surtout de son enfance, de ses premières années si chrétiennes qui préparèrent à la France un de ses plus grands rois.

M.

M. St MARTIN.

SAINT Martin, la gloire des Gaules, la lumière de l'église d'Occident au quatrième siècle, naquit à Sabarie, ville de Panonie. Ses parents le portèrent dès son enfance à Pavie, en Italie, où ils se retiraient, et il reçut dans cette ville sa première éducation. Dès ses premières années, Martin parut animé de l'esprit de Dieu, et quoique sa famille fut idolâtre, il n'avait de goût que pour les exercices de piété. Il allait à l'église malgré ses parents, et il demanda à l'âge de dix ans d'être inscrit parmi les cathécumènes. On lui accorda la grâce qu'il sollicitait, et il s'en montra digne par son assiduité aux instructions qu'on faisaient à ceux qui désiraient le baptême. Il conçut un si ardent amour pour le seigneur, qu'à l'âge de douze ans il forma le projet de se retirer dans un désert, et il l'aurait exécuté, si la faiblesse de son âge ne s'y fut opposée. Penser à l'église et aux monastères, était la seule chose qui occupât son esprit et son cœur.

N.

St NICOLAS.

N. St NICOLAS.

La grande vénération qu'on a pour saint Nicolas, depuis tant de siècles, chez les Grecs et les Latins, et cette multitude de temples bâtis sous son invocation, sont des preuves de son éminente sainteté, ainsi que de la gloire dont il jouit dans le ciel. Nous ne rapporterons de sa vie que les faits sur lesquels les différents auteurs de ses actes paraissent d'accord. Ils le font natif de Patare, en Lycie. Ils disent que dès son enfance il observait le jeûne du mercredi et du vendredi, qui était alors ordonné par une loi de l'église; que sa vertu acquit un nouvel éclat quand il eut embrassé la vie religieuse dans un monastère près de Mire, en Lycie; qu'il se distingua principalement par sa charité envers les malheureux. On rapporte que trois jeunes filles se trouvant en danger de perdre leur innocence, il pourvut à leurs besoins, et les mît en état de s'établir honnêtement.

St ORCÈSE.

O. St ORCÈSE.

ORCÈSE, que l'on nomme aussi Oriëse et Orsise, entra assez jeune dans le monastère de Tabène, sous la direction de saint Pacôme, dont il devint un des disciples les plus parfaits. Pacôme qui appréciait les vertus de ce digne religieux, le fit supérieur d'une de ses maisons, et dit de lui, que s'il continuait à s'avancer ainsi dans le chemin de la perfection, il serait un jour une lampe d'or dans la maison du Seigneur ; et il ne se trompa point. Orcèse devint abbé de Tabène, après la mort de Pétrone, successeur de Pacôme, et conduisit, avec une prudence admirable, cette nombreuse communauté. Il était très-lié avec saint Athanase, et se démit de ses fonctions vers la fin de ses jours. Il mourut plein de jours et de mérite, vers la fin du quatrième siècle.

P.

St PÉTRONNE,

Évêque.

P. St PÉTRONNE.

Ce saint était fils de Pétronne, préfet du prétoire, qui se rendit aussi célèbre par sa piété que par son éloquence. Il reçut une excellente éducation dans la maison paternelle, et fut formé de bonne heure à tous les exercices de la vie ascétique. Lorsqu'il fut en âge de voyager, il passa en Orient, et visita les solitaires qui habitaient les déserts de la Palestine et de l'Égypte, afin de se perfectionner dans la science des saints par les exemples vivants qu'il aurait sous les yeux. Il resta un temps considérable dans les lieux où il trouva un plus grand nombre de serviteurs de Dieu, et parmi ceux dont il voulut être le disciple, on trouve surtout saint Jean de Lycopolis, saint Appollon et saint Ammon. Il fit une relation de ce qu'il vit de plus édifiant dans son voyage, et nous l'avons encore dans le second livre des *Vies des Pères*, que Genade lui attribue. Il renonça dès-lors pour toujours à l'étude de l'éloquence et de la littérature profane.

St QUIRIN.

Q. St QUIRIN.

Vous devez, mes enfans, comprendre tout ce qu'il y a de beau dans la vie des saints. Voyez leur patience à tout souffrir, les injures les plus grossières et la mort même. Rien ne les effraie, et ce qui paraît insupportable aux autres hommes, ils le souffrent eux, avec une grande résignation. C'est que pour qu'il en soit ainsi, il faut bien aimer celui qui donne la force et le courage. Aimez donc Dieu, il fera pour vous ce qu'il fit pour les saints de l'église.

Les Dieux que vous adorez, disait saint Quirin, aux païens, sont les démons, et vous périrez pour les avoir adorés. Ces paroles énergiques irritent ses bourreaux qui le jettent à la mer. Mais Dieu qui, comme je vous le disais, sauve ses serviteurs de tous les périls, quand cela lui plaît, permit que le saint demeurât long-temps sur les flots pour que sa puissance étonnât ses ennemis.

R.

St ROCH.

R. St ROCH.

SAINT Roch est regardé comme un des plus illustres saints du quatorzième siècle, surtout en France et en Italie. Nous n'avons pourtant point d'histoire authentique de ses actions et de ses vertus. Nous nous contenterons de rapporter ce qui nous paraîtra le plus certain.

Ce saint naquit à Montpellier, d'une famille noble ; étant allé à Rome par dévotion, les ravages de la peste qui désola l'Italie, lui fournirent l'occasion d'exercer sa charité envers ceux qui furent attaqués de ce fléau. Maldura rapporte qu'il tomba malade à Plaisance, que se voyant abandonné de tout le monde, il se traîna dans une forêt voisine, où il souffrit des douleurs incroyables, et que Dieu lui rendit la santé sans le secours des hommes. De retour en France, il y vécut dans la pratique, d'une austère pénitence et dans les exercices de la charité; il passa les dernières années de sa vie à Montpellier, où l'on dit qu'il mourut en 1327.

Sᵗ SIXTE.

S. St SIXTE.

Saint Sixte, pape et martyr, qui souffrit sous l'empereur Valérien. Saint Sixte et saint Just, son frère, encore enfans, et sur les bancs de l'école, laissèrent leurs livres dans la classe et coururent crier aux juges qui faisaient mettre des chrétiens à mort; nous aussi nous sommes chrétiens, tuez-nous, tuez-nous.

Les juges, honteux de se voir braver par des enfans, eurent l'air de ne point les entendre, cependant on donna l'ordre de ne pas les fouetter. Mais Dieu qui donne de la force, permit que la colère des juges augmentant, ils furent exposés aux tortures réservées aux matyrs. Sixte était âgé de treize ans et Just de sept ans. Ils avaient été condamnés à être décapités, mais on leur fit grâce de cette peine.

Cet exemple doit vous encourager. Voyez ces deux petits enfans, ils étaient comme vous, et maintenant heureux avec Dieu, ils ont encore la consolation de protéger une grande ville.

T.

Ste THÉRÈSE.

T. Ste THÉRÈSE.

Thérèse, naquit à Avila, ville de Castille en Espagne, en 1515. Elle appartenait à une famille illustre par ses dignités, mais encore plus par ses vertus.

Thérèse avait un amour ardent pour la vertu. Malheureusement la mort de sa mère, qu'elle perdit à l'âge de douze ans, arrêta un si précieux commencement. Étant moins surveillée, elle devint plus distraite, et l'amitié qu'elle contracta avec une de ses parentes, acheva d'ôter à son âme toutes les bonnes pensées qui l'avaient jusqu'alors occupée.

Thérèse, auparavant simple dans ses manières, devint légère et volage comme les autres filles de son âge, n'aimant plus que soi et le plaisir.

Ce temps qu'elle déplora toute sa vie, ne dura pas heureusement. Revenue de ses écarts, la sainte devint la femme la plus remarquable de son temps, par sa piété. Nous devons à sainte Thérèse de précieux livres.

Elle réforma l'ordre des Carmes et fonda plusieurs couvens.

Elle mourut le 4 novembre 1582, âgée de plus de soixante-sept ans.

U.

U. Ste URSULE et ses Compagnes.

Pendant que les saxons encore payens ravageaient l'Angleterre, un grand nombre d'anciens Bretons qui habitaient cette île s'enfuirent dans les Gaules, et s'établirent dans l'Armorique, qu'on a depuis appelée Bretagne. Il paraît que nos saintes martyres quittèrent la Grande-Bretagne ou l'Angleterre, vers le temps dont nous parlons, c'est-à-dire dans le cinquième siècle. Elles aimèrent mieux faire le sacrifice de leur vie, que de perdre leur virginité, et elles furent mises à mort par l'armée des Huns qui ravageaient alors le pays où elles s'étaient réfugiées, et qui portèrent le fer et la flamme partout où ils passèrent.

St VINCENT de Paul.

V. St VINCENT DE PAULE.

Les siècles à venir auront peine à croire les choses qu'a faites saint Vincent de Paule. Ce saint a, par chacune de ses actions, révélé tout ce que peut une âme excitée par la pensée de Dieu. Non-seulement saint Vincent est illustre parmi les saints, mais il n'y a réellement pas d'homme ami de l'humanité qui ait fait autant pour elle que l'humble serviteur de Dieu, dont je vous raconte la vie en ce moment.

Vincent naquit en 1576, dans un village de Poy, dans la province de Gascogne, vers les Pyrénées. Ses parents étaient pauvres de biens mais riches de vertus. Paule qui montrait des dispositions extraordinaires, obtint de son père l'autorisation de faire ses études. Remarquez bien, mes enfants, qu'une circonstance comme celle-là n'est pas peu importante dans une famille où la fortune manque. Il faut que les parents s'imposent des sacrifices énormes, et combien serait coupable l'enfant qui les aurait provoqués pour ne pas y répondre. Vincent acheva d'une manière brillante les études qu'il avait si heureusement commencées...

Étant allé à Marseille pour recueillir un héritage de 1500 livres qu'un ami lui avait laissé, il fut surpris par des corsaires qui s'emparèrent du bâtiment sur lequel il était monté pour retourner chez lui par la voie de mer, puis conduit à Tunis, ville d'Afrique, et la réduit en esclavage.

Les brigands qui l'avaient pris, sur le point de partir pour une expédition, conduisirent à terre les chrétiens dont ils s'étaient emparés. Afin de les vendre, ils les menèrent aux marchés ; Vincent fut acheté par un médecin qui sut distinguer son mérite. Il voulut même l'instituer son héritier, à la condition que le saint changerait de religion. Paule ne voulut jamais y consentir. Cependant, lui au contraire, il parvint à convertir son maître, et le 28 juin 1607, il rentra à Aigues-Mortes, d'où il se rendit à Avignon; le médecin fit abdication de la foi de Mahomet et retourna à la religion chrétienne.

Ce fut saint Vincent qui procura et dirigea la fondation des hôpitaux de la Pitié, de Bicêtre, de la Salpétrière et des Enfans trouvés Ce dernier établissement, surtout, arracha à la mort des milliers de pauvres petits enfans, que des mères indignes de ce nom respectable exposaient dans les rues ou sur les chemins publics.

St XAVIER
(François.)

X. St XAVIER (FRANÇOIS).

Ce sera une chose éternellement belle, que la vie de cet homme encore jeune, sorti du brillant château de Navarre et qui est venu seul errer à l'aventure sur les côtes de Malabar.

Dans cette Inde merveilleuse, il n'apperçut que ceux qui vivaient hors des villes, les castes misérables, les bannis, les petits enfans; dès que le soleil se couchait on le voyait prendre une clochette et s'en aller, criant de huttes en huttes : Bonnes gens priez Dieu.

Au nom du Christ enfant, il prenait possession des solitudes infinies, des mers sans rivages; les populations qu'il traversait le considéraient partout comme un saint homme. Du cap Comorin il s'embarqua et traversa sur une felouque la grande mer des Indes; poussé par le vent du saint Esprit, il arriva aux iles Moluques, et après des peines infinies au Japon.

Là discutant dans une langue qu'il connaissait à peine, sa sincérité et sa foi vive attirèrent toute la population à lui.

Voilà ce qu'a pu l'enthousiasme d'un homme isolé sans appui et sans compagnons : cette foi toute seule est pour lui une école qui le préserve et lui ouvre tous les chemins. Les peuples étrangers, sans comprendre sa langue. voient sur sa figure l'empreinte de l'homme de Dieu, malgré eux, ils le reconnaissent, le saluent.

La fascination se communique ; un seul homme à touché ces rivages, et il y a déjà une Asie chrétienne.

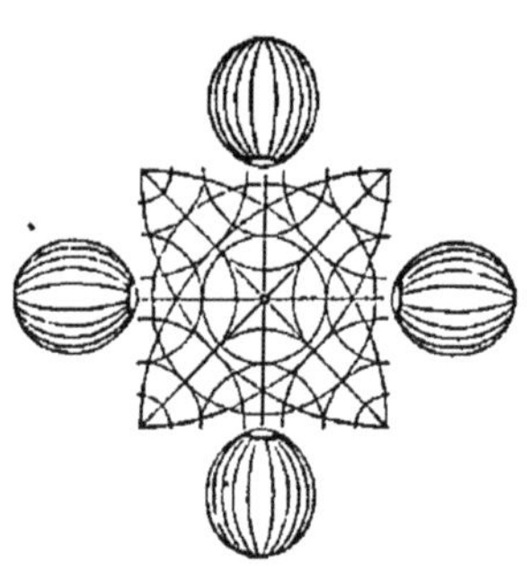

St YVES.

Y. St YVES.

L'HISTOIRE ne nous indique pas précisément l'époque de sa naissance, on peut cependant lui assigner la moitié du quatorzième siècle.

Issu d'une famille obscure, l'assiduité qu'il apporta à ses études et l'aptitude qu'il avait pour toutes les sciences exactes, le mirent en lumière, de telle sorte qu'à l'âge de 22 ans, il était un des membres les plus distingués du barreau.

C'est sans doute à sa célébrité comme jurisconsulte, qu'il doit d'être patron des hommes de loi.

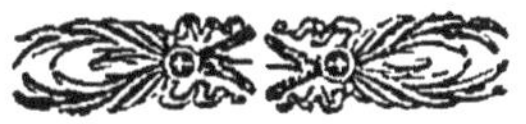

Z.

St ZOSIME.

Z. St ZOSIME.

Il y avait dans un monastère de la Palestine une homme nommé Zosime, qui avait été instruit dès son enfance dans les exercices de la vie solitaire. Tout jeune encore, il avait un grand amour pour la retraite; non-seulement il cherchait à imiter les solitaires les plus célèbres, mais on le voyait s'occuper sans cesse à les surpasser par la sévérité de ses mortifications. Il vécut ainsi pendant 52 ans.

Comme il était parvenu à un haut degré de piété, le démon de l'orgueil le tenta ; la pensée lui vint que nul n'avait été plus parfait que lui. Une telle pensée pouvait le perdre ; mais une circonstance l'ayant conduit dans un monastère de religieux, il eut l'occasion de connaître que jamais il n'avait atteint l'extrême rigidité de vie que pratiquaient ces hommes de prières. Le saint se prosterna, et ayant prié le Seigneur de détruire en lui la pensée d'orgeuil, il reprit le cours de ses saintes pratiques.

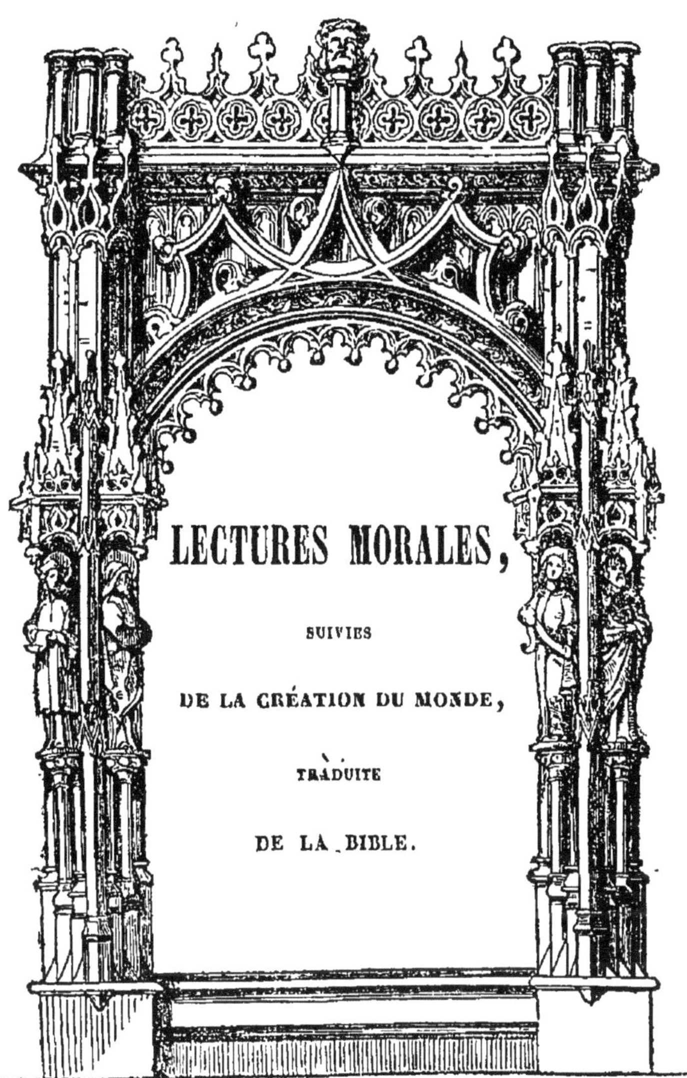

LECTURES MORALES,

SUIVIES

DE LA CRÉATION DU MONDE,

TRADUITE

DE LA BIBLE.

LECTURES MORALES,

SUIVIES

DE LA CRÉATION DU MONDE,

TRADUITE

DE LA BIBLE.

DIEU.

—

Savez-vous bien, mes chers enfans, comment il se fait que vous êtes dans ce monde? Savez-vous d'où viennent le ciel, la terre, les animaux, les plantes, la pluie, la rosée, et ce beau soleil si brillant, et cette belle lune si douce et si blanche, et ces milliers d'étoiles, et toutes choses enfin?... Mes chers enfans, tout ceci vient du bon Dieu. Et c'est pour cela aussi que nous l'appelons *bon*, et que nous lui disons *Notre Père;* parce que c'est lui qui nous a tout donné : nos parents qui nous aiment tant, nos maîtres qui se donnent tant de peine pour nous instruire, le corps, l'esprit et l'âme, la santé, la force, l'air que nous respirons, la terre que nous foulons sous nos pieds, qui nous nourrit de ses fruits, *tout*, en un mot.

Il faut donc qu'il soit bien riche ce bon Dieu, et il faut qu'il soit bien bon aussi pour avoir fait et donné tant de choses ! — Oui, mes chers enfans, Dieu est riche; il est plus riche que tous les rois de la terre, plus que tous les hommes ensemble. Il est bien bon aussi, meilleur que votre père, même que votre mère, meilleur que les hommes qui vous aiment le plus.

Mais où est-il donc ce bon Dieu? — Vous voudriez bien le savoir, sans doute; vous voudriez le voir, lui parler, lui dire combien vous lui portez de reconnaissance, et combien vous l'aimez. Réjouissez-vous, mes enfans; car vous êtes tout près de lui. Dieu est partout : on ne peut pas le voir, parce qu'il n'a pas un corps d'os et de chair comme nous; mais il n'en est pas moins vrai qu'il est tout près de nous. Il nous voit, il nous touche, il nous pénètre si bien que nous ne pouvons rien faire, rien vouloir, rien penser même sans qu'il le sache, sans qu'il nous destine aussitôt une récompense, si cela est bien ; une punition, si cela est mal.

Car il faut encore savoir ceci, mes chers enfans : Dieu est notre juge, c'est-à-dire, que toutes nos pensées, toutes nos paroles, toutes nos actions sont devant lui, comme la vie d'un coupable devant les yeux de celui qui doit décider de son sort. Mais Dieu est un bon juge; quand il punit, c'est pour corriger; quand il frappe, c'est pour guérir.

Oh! craignez les châtimens de Dieu, mes chers enfans; corrigez-vous de vos défauts tandis qu'il en est temps encore, afin qu'il vous pardonne, et que vous receviez de lui la récompense qu'il a promise aux bons enfans qui sont bien sages : le ciel et la vie éternelle.

DES PÈRE ET MÈRE.

Vous avez tous, j'espère, un père et une mère, mes chers enfans; bien à plaindre serait celui qui aurait eu le malheur de les perdre! Car nos parents, c'est notre providence visible sur la terre. Et qui donc aurait soin d'un enfant? qui travaillerait pour lui? qui veillerait à son salut le jour et la nuit, si ce n'était un père? Qui veillerait la nuit près du berceau, qui se priverait du plaisir, et souvent même du nécessaire, pour sauver la frêle existence d'un pauvre petit nourrisson? Qui ferait tout cela, si ce n'était une mère? O mes enfans! comprenez bien tout votre bonheur. Un jour peut-être, un jour, quand vous serez loin de votre mère, et quand peut être votre père ne vivra plus, vous vous souviendrez avec regret du temps de votre enfance et des soins tendres de vos parents. Heureux alors si vous pouvez vous dire : « Je lui ai rendu amour pour amour! » Mais malheureux, ah! mille fois malheureux celui sur le cœur de qui pèserait cette condamnation terrible : « J'ai manqué au premier, au plus sacré de mes devoirs, à la piété filiale!... »

Dieu a dit : *Tu honoreras ton père et ta mère, afin que tu vives long-temps sur la terre.* Nous devons donc honorer nos parents, c'est-à-dire les aimer, les respecter, leur être obéissants, reconnaissants autant que nous pouvons, et ne rien négliger pour leur rendre un peu de joie en retour des peines sans nombre que leur cause notre longue et pénible éducation. Et si nous faisons cela, qu'en arrivera-t-il ? Écoutez encore le bon Dieu : « .. afin que tu vives long-temps sur la terre, » c'est-à-dire que votre vie sera longue et heureuse, où, s'il plaît au Seigneur de nous rappeler bientôt de ce monde, il nous rendra dans un monde meilleur, dans le ciel, la vie et le bonheur que nous aurons mérités ici-bas en accomplissant ses préceptes.

Ainsi donc, mes chers enfans, retenez-bien ceci : Qui aime son père et sa mère, le bon Dieu l'aimera, et partant il sera heureux, et jamais rien ne lui manquera. Qui n'aime pas son père et sa mère, le bon Dieu ne l'aime pas, et il sera malheureux. Fasse le Seigneur, qui est notre père aussi, que vous soyez tous bons et soumis à vos parents, afin que l'on puisse dire de vous comme il est dit de l'enfant Jésus : « Et il croissait en sagesse et en grâce devant Dieu et devant les hommes. »

DE LA POLITESSE.

Je vais vous donner, mes chers enfans, quelques règles de politesse. Retenez-les, et pratiquez-les bien, car la politesse est de toutes les bonnes qualités d'un enfant celle qui contribue le plus à le rendre agréable aux autres; un enfant poli fait le charme de tous ceux qui l'entourent.

Saluez les prêtres, saluez les vieillards, saluez les personnes que l'on rencontre seules dans un chemin. Si vous trouvez un appartement ouvert, il faut y rester et attendre que quelqu'un y vienne, et, avant d'y entrer, il faut doucement frapper à la porte, et en entrant vous découvrir. En général, il faut refermer les portes que l'on trouve fermées, et laisser ouvertes celles que l'on trouve ouvertes. Il est aussi très-inconvenant de fermer les portes avec fracas, de marcher ou courir lourdement de manière à se faire entendre à cent pas à la ronde, comme font certains enfans mal élevés; de courir dans les rues, de heurter, de pousser les autres au passage, et de renverser les choses que l'on trouve sur son chemin.

A table, chez vos parents ou ailleurs, ne prétendez pas avoir toujours ce qu'il y a de meilleur, mais prenez ce qu'on vous donne; faites votre remerciement, et soyez-en contents. Si on vous laisse à choisir, ne prenez pas le morceau le plus gros et le plus beau, mais le premier venu. Ne mangez pas avec précipitation ou avec bruit; ayez soin que vos mains, votre bouche, vos habits, votre serviette et ce qui vous touche soient toujours propres. Mettez la cuiller, la fourchette et le couteau à la droite de votre assiette, et le pain à la gauche. Ne faites pas promener vos deux mains sur la table, et ne plantez pas non plus vos deux coudes à côté de votre assiette, comme fait un certain petit garçon que je connais bien, et qui pour cela est souvent réprimandé.

Je ne finirais pas si je voulais détailler tout ce que la politesse demande de nous, et toutes les fautes que l'on commet contre elle. Faites ce qui vous est dit journellement à ce sujet; suivez les exemples de ceux qui se font honorer par leurs bonnes manières ; ainsi vous apprendrez facilement à être polis. Soyez polis envers tout le monde, même envers vos camarades et vos condisciples. Ne les vexez pas, ne leur mentez pas, ne les dénoncez pas ; rendez-leur service toutes les fois que vous le pouvez ; demandez pardon pour eux quand ils ont eu le malheur de mériter un châtiment. En un mot, observez cette parole de Jésus-Christ : *Faites aux autres ce que vous voudriez qu'ils vous fissent.*

Soyez polis surtout dans vos paroles. Ne dites jamais rien qui puisse offenser qui que ce soit ; parlez peu de vous-mêmes, ne vous louez pas, ne vous élevez pas au-dessus des autres. Soyez simples, modestes et retenus dans vos discours.

GENÈSE.

Traduction de M. DE GENOUDE.

LA CRÉATION.

Au commencement Dieu créa le ciel et la terre.

La terre était informe et nue, et les ténèbres couvraient la face de l'abîme, et l'Esprit de Dieu reposait sur les eaux.

Et Dieu dit : Que la lumière soit. Et la lumière fut.

Dieu vit que la lumière était bonne, et il sépara la lumière des ténèbres.

Et il appela la lumière, jour, et les ténèbres, nuit; et le soir et le matin formèrent un jour.

Et Dieu dit : Qu'un firmament soit entre les eaux, et qu'il sépare les eaux d'avec les eaux.

Et Dieu étendit le firmament, et divisa les eaux supérieures des eaux inférieures. Et il fut ainsi.

Et Dieu appela le firmament, ciel; et le soir et le matin furent le second jour.

Et Dieu dit : Que les eaux qui sont sous le ciel se rassemblent en un seul lieu, et que l'aride paraisse. Et il fut ainsi.

Et dieu appela l'aride, terre, et les eaux rassemblées, mer. Et Dieu vit que cela était bon.

Et il dit : Que la terre produise les plantes verdoyantes avec leur semence ; les arbres avec des fruits, chacun selon son espèce, qui renferment en eux-mêmes leur semence, pour se reproduire sur la terre. Et il fut ainsi.

La terre produisit donc des plantes qui portaient leur graine suivant leur espèce, et des arbres fruitiers qui renfermaient leur semence en eux-mêmes suivant leur espèce. Et Dieu vit que cela était bon.

Il y eut un soir et un matin ; ce fut le troisième jour.

Dieu dit aussi : Qu'il y ait dans le ciel des corps lumineux qui divisent le jour d'avec la nuit, et qu'ils servent de signes pour marquer les temps, les jours et les années ;

Qu'ils luisent dans le ciel, et qu'ils éclairent la terre. Et il fut ainsi.

Et Dieu fit deux grands corps lumineux : l'un plus grand, pour présider au jour ; l'autre moins grand, pour présider à la nuit. Il fit aussi les étoiles.

Et il les plaça dans le ciel, pour luire sur la terre,

Pour présider au jour et à la nuit, et pour séparer la lumière d'avec les ténèbres. Et Dieu vit que cela était bon.

Il y eut un soir et un matin : ce fut le quatrième jour.

Dieu dit encore : Que les eaux produisent les animaux qui nagent ; et que les oiseaux volent sur la terre et sous le ciel.

Et Dieu créa les grands poissons, et tous les animaux qui ont la vie et le mouvement, que les eaux produisirent chacun selon son espèce ; et il créa aussi des oiseaux chacun selon son espèce. Il vit que cela était bon.

Et il les bénit, en disant : Croissez et multipliez-vous; remplissez la mer, et que les oiseaux se multiplient sur la terre.

Il y eut un soir et un matin : ce fut le cinquième jour.

Dieu dit aussi : Que la terre produise des animaux vivants, chacun selon son espèce, les animaux domestiques, les reptiles et les bêtes sauvages selon leurs différentes espèces. Et il fut ainsi.

Dieu fit donc les bêtes sauvages de la terre selon leurs espèces; les animaux domestiques et tous ceux qui rampent sur la terre, chacun selon son espèce. Et il vit que cela était bon.

Dieu dit ensuite : Faisons l'homme à notre image et à notre ressemblance ; et qu'il domine sur les poissons de la mer, sur les oiseaux du ciel, sur les animaux qui demeurent sous le ciel, et sur tous les reptiles.

Et Dieu créa l'homme à son image; et il le créa à l'image de Dieu; il les créa mâle et femelle.

Dieu les bénit, et leur dit : Croissez et multipliez-vous; remplissez la terre et vous l'assujettissez ; dominez sur les poissons de la mer, sur les oiseaux du ciel, et sur tout animal qui se meut sur la terre.

Dieu dit encore : Voilà que je vous ai donné toutes les plantes répandues sur la surface de la terre et qui portent leur semence, et tous les arbres fruitiers qui ont leur germe en eux-mêmes, pour servir à votre nourriture.

Et j'ai donné leur pâture à tous les animaux de

la terre, et à tous les animaux du ciel, à tout ce qui vit et se meut sur la terre. Et il fut ainsi.

Dieu vit toutes ses œuvres, et elles étaient parfaites.

Il y eut un soir et un matin : ce fut le sixième jour.

Ainsi furent achevés les cieux, la terre, et tout ce qu'ils renferment.

Dieu accomplit son œuvre le septième jour; et il se reposa ce jour-là, après avoir formé tous ses ouvrages.

Dieu bénit le septième jour et le sanctifia, parce qu'il s'était reposé en ce jour, après avoir terminé son œuvre.

Telle fut l'origine des cieux et de la terre, lorsqu'ils furent créés, au jour que le Seigneur Dieu fit la terre et les cieux.

FIN.

DOLE, IMP. DE PRUDONT.

www.ingramcontent.com/pod-product-compliance
Ingram Content Group UK Ltd.
Pitfield, Milton Keynes, MK11 3LW, UK
UKHW022113190726
13855UKWH00002B/836

9 782013 054966